AF232251

PROJET

DE

CONSTITUTION DÉMOCRATIQUE.

ENCE DE DIVERSES CONSTITUTIONS,

PAR

. BALLY,

Membre d l'Académie nationale de médecine.

Ne faites pas à autrui ce que vous ne voudriez pas qu'on vous fît.

Faites constamment aux autres le bien que vous voudriez en recevoir.

Bien que la patrie soit en deuil, j'ai foi à la République, à sa durée et au triomphe de la civilisation sur la barbarie. A cet égard, ma conviction est profonde, et l'on n'arrachera jamais de mon cœur cette pensée : que la démocratie est le principe de toute constitution équitable, la seule base propre à assurer le bonheur des nations.

1848

Que faudrait-il pour atteindre ce but ? Le concours et l'assentiment des gens de bien ; un peu moins d'égoïsme, de vanité et surtout de rancune à l'occasion des intérêts froissés.

Il est vrai que bien des positions honorables ont été injustement brisées. On a surtout violé ce grand principe de morale, l'inamovibilité des juges. A quoi bon ? Les juges ne sont pas des hommes politiques ; ils appliquent la loi. Faites-la bonne ; qu'elle soit la protectrice du juste ; qu'elle garantisse les droits de tous, et les mœurs s'épureront, et Thémis couvrira de son sceptre tutélaire le faible et l'infortuné.

Toutefois, je ne suis pas de ces hommes qui blâment impitoyablement ce qu'un gouvernement provisoire a fait. Après quatorze siècles de servitude, on a un jour improvisé une république que la veille personne ne croyait possible. De grandes choses ont été entreprises et réalisées en peu de temps. La société a été ébranlée jusque dans ses bases, remuée jusque dans ses entrailles.

Sur ces entrefaites, ont surgi les embarras suscités par des ennemis sortis de tous les points cardinaux : par des légions de prétendants, par des hordes de barbares qui, sans pitié, sont venus souiller le sol sacré de la patrie.

Lorsque le fléau de Dieu, l'anarchie, secoue ses torches funèbres, on vous crie : Voyez votre République ? Mais n'est-ce pas du délire ou une mauvaise foi insigne que d'assimiler deux choses si essentiellement dissemblables ? Des cannibales apparaissent brusquement ; ils déchirent le sein de la patrie avec la férocité des tigres. Ils veulent substituer des lois sauvages aux lois de paix et d'humanité que la République a fondées ; et vous nous jetez à la face cette *cannibalie!* vous nous la donnez comme le type de ce que vous préparent les législateurs, sincères amis du peuple dont ils veulent consacrer les droits légitimes. Cessez donc de dire, cessez donc de croire qu'il y ait rien de commun entre le monstre de l'anarchie et cette République destinée à protéger les faibles contre les tyrans, les bons contre les méchants, le juste contre l'iniquité.

Prêtez main forte à l'ordre, et une sanglante épreuve en est déjà faite ; prévenez par votre généreux concours les insurrections ; calmez ces murmures sourds, précurseurs des orages ; fatiguez un peu moins les gouvernements par vos plaintes, vos accusations, vos prétentions, et vous obtiendrez une république pure, une liberté durable et cette fraternité qui revivifiera la confiance et ranimera l'industrie.

Vous souffrez ! qui ne souffre pas? Attendez un peu. L'esprit d'impatience gâte tout ; demain peut-être vous verrez luire l'aurore du bonheur.

On dit que pour maintenir un régime républicain il faut un peuple vertueux : c'est l'épigramme la plus sanglante qu'on puisse décocher contre la royauté. Quoi! pour elle il ne faut que des êtres corrompus ! et à ce titre vous voulez une monarchie héréditaire ! Vous acceptez donc l'épigramme pour vous? vous n'êtes donc que d'humbles esclaves !

Si j'ai bien lu l'histoire, si j'ai bien vu des peuples et des gouvernements divers, j'ai pu acquérir l'intime conviction que ce sont les gouvernements qui font les mœurs des peuples. Le peuple est une argile molle qui se moule exactement sur le modèle de ceux qui les dirigent ; et cette règle ne souffre aucune exception. Si les Français d'aujourd'hui n'ont pas assez de vertus, ils les acquerront sous un ordre de choses meilleur et plus honnête que le précédent.

Après les grands maux qui viennent d'arriver et de compromettre la civilisation, ce serait une autre calamité si l'on improvisait la loi fondamentale sous l'impression des serrements de cœur et de l'affliction générale. Demandons au contraire qu'on procède avec lenteur, mesure et pleine liberté.

La constitution touche au présent et renferme tout l'avenir des destinées de la France; elle doit avoir pour objet constant le bonheur et la prospérité de la nation à qui elle est destinée.

Les éléments du projet qui suit ont été publiés le 1ᵉʳ mars et l'ensemble a été transmis à la commission de constitution le 28 mai par le citoyen Recurt, alors ministre de l'intérieur. Les déplorables événements ne m'ont rien fait changer au premier plan qu'on accuse de puritanisme. Je le crois en harmonie avec les besoins de l'époque et l'esprit démocratique qui depuis longtemps pénètre dans les populations.

Une constitution ne saurait être trop républicaine si, en multipliant les obstacles contre les usurpations du despotisme, elle renferme en même temps des garanties pour tous.

La plupart des projets que j'ai lus intercalent beaucoup d'éléments divers empruntés à des régimes aristocratiques et monarchiques. Ce mélange manque le but principal, celui d'harmoniser les divers éléments de la démocratie et de réunir en un faisceau homogène tous les membres épars et disséminés dans divers codes populaires.

Pour sortir de ce labyrinthe, la raison veut qu'on procède analytiquement. Le peuple est souverain; il transmet ses pouvoirs à une représentation qui devient ainsi une personnification de la souveraineté.

Dès lors il est illogique de soutenir qu'il y a trois pouvoirs. Non, il n'y en a qu'un, celui de l'Assemblée souveraine qui, par un effet de sa toute-puissance, délègue les fonctions judiciaires, gouvernementales. Toute autre manière de raisonner est une hérésie, une habitude routinière.

Cependant cette même Assemblée souveraine peut, dans les circonstances périlleuses, confier un vrai pouvoir, un pouvoir extraordinaire, un pouvoir au-dessus de toutes les lois. Ceci n'implique pas contradiction. La dictature temporaire est de principe républicain.

Lorsque la république romaine était en péril, elle nommait un dictateur pour un temps limité, ordinairement six mois. Jusqu'à *Sylla*, et surtout *César*, aucun des dictateurs n'abusa de cette haute puissance pour se perpétuer. Cela se comprend, puisqu'ils étaient légalement investis dela dictature, tandis que *Sylla* et *César* l'avaient usurpée violemment.

Soutenir qu'il y a un pouvoir législatif, un pouvoir exécutif, un pouvoir judiciaire, c'est vouloir réhabiliter cette pondération surannée, cette chimère enfantée par les publicistes anglais. En Angleterre elle n'y existe même pas. Là une monstrueuse aristocratie, composée des hauts et puissants barons de la conquête, envahit tout et se joue de l'intérêt du peuple en lui jetant à ronger les ossements de la liberté.

RÉSUMÉ ET OBSERVATIONS.

I. La déclaration des droits et devoirs de l'homme et du citoyen, publiée par l'Assemblée constituante en 1791, devrait précéder toute constitution orthodoxe. C'est un chef-d'œuvre de sagesse, d'équité, de haute philosophie, inspiré par l'Esprit saint, comme l'Évangile du Christ, base et origine de l'émancipation des peuples. Que ce document précieux, publié en présence et sous les auspices de l'Être suprême, document d'or qui définit si admirablement les droits imprescriptibles et sacrés de l'homme, fasse constamment partie de l'enseignement dans toutes les écoles : alors les torches de l'anarchie s'éteindront et les chaînes du despotisme se briseront comme les portes de l'enfer devant le signe du chrétien.

II. Si vous réduisez le nombre des représentants, en même temps que vous les rendez indéfiniment rééligibles, vous enchaînerez de nouveau le pays comme par le passé à une inféodation, source de murmures, de mécontentement, de corruption : inféodation contre laquelle la massue populaire est venue s'abattre le 24 février. Quand donc la manie de l'imitation, et qui pis est l'esprit d'égoïsme, l'amour de se perpétuer au pouvoir cesseront-ils de nous dominer ?

Est-ce donc trop de trois représentants par cent mille âmes ? et n'y a-t-il pas sûreté, nécessité, garantie pour les libertés publiques à vouloir qu'il y ait l'intervalle d'une législation entre une élection et l'autre ?

III. L'opinion de l'époque, appuyée sur l'expérience des temps passés, repousse la création de deux chambres indépendantes. On a pu voir qu'entre deux assemblées, à titres égaux ou inégaux, l'une d'elles paralyse l'autre et finit par l'anéantir. Et néanmoins deux degrés de discussion sont indispensables pour le perfectionnement de la loi. Il est de toute nécessité de prévenir les dangers de l'enthousiasme, de la puissance de la parole, des entraînements de l'ambition et de ces passions qui aveuglent une assemblée délibérant sans contrôle.

Il importait au repos comme au bonheur public de trouver la solution du problème sans rompre l'unité de souveraineté. Voici comment j'ai tourné la difficulté : la représentation, produit du suffrage universel modifié, émanation du souverain, serait pour le présent de mille cinquante, en supposant trente-cinq millions d'habitants.

Tous les trois mois elle se fractionnerait par le tirage au sort de cent cinquante membres, qui composeraient un conseil de révision, délibérant toujours à huis-clos. Cette assemblée, que je nommerais volontiers *Aréopage*, parce que l'Aréopage n'a jamais rendu un jugement inique, aurait pour *mission unique* de discuter les projets de loi admis par l'assemblée principale.

Comme il ne s'agit pas ici d'une censure, mais d'une élaboration faite avec maturité, la loi amendée ou non est de nouveau soumise à une délibération de l'assemblée des neuf cents, qui l'adopte en définitive ou la modifie ou la rejette sans appel.

Ce mode si simple, si juste, si raisonnable, et qui ne blesse en rien la souveraineté, sera rejeté sans examen et peut-être avec dédain; mais je le confie à la raison publique, et certes on en comprendra un jour la portée. On découvrira que c'est la seule, la vraie garantie contre le rétablissement du trône, contre les déchirements de l'anarchie, contre la destruction de l'élément démocratique.

IV. Ce système, utopie si l'on veut, est plus républicain, plus orthodoxe que celui qui confie à un conseil d'État l'ébauche de la loi. Si ce conseil est élu par le peuple, il constitue une seconde chambre, et l'on n'en veut pas; s'il est élu par l'Assemblée nationale, toute souveraine qu'elle soit, il y a usurpation flagrante de la souveraineté dès que vous lui accordez le droit de préparer les projets de loi. N'est-ce pas assez des bureaux, des comités, des commissions de l'Assemblée pour remplir cet objet ?

Il n'y aura donc point de vraie république avec un conseil d'État constitué en demi-pouvoir législatif, ou manipulateur de projets. Les publicistes n'ont pas fait attention que l'État c'est le peuple, et que son conseil c'est la représentation nationale.

Lorsqu'un maître, confisquant à son profit tous les droits, toutes les libertés, disait audacieusement : *L'État, c'est moi*, la nécessité d'un conseil divisé en 25 ou 30 bureaux, embrassant toutes les branches de l'administration et de la législation despotique, se faisait comprendre.

V. Les élections générales faites dans un chef-lieu de canton, portent atteinte au principe d'égalité. Le scrutin doit être ouvert dans chaque municipalité et arriver pour le recensement au chef-lieu de district, si la division territoriale n'admet plus de départements.

Si l'on réfléchit sans idées préconçues sur la division territoriale, on verra que la répartition en 364 districts est plus en harmonie avec nos institutions démocratiques. Chacun de ces arrondissements serait administré par trois citoyens que les conseils municipaux réunis nommeraient pour trois ans.

Alors les intérêts de tous seraient mieux protégés, l'administration plus éclairée, plus paternelle; la justice rendue avec plus d'équité, de promptitude, et surtout plus d'économie pour les citoyens qui la réclament...

La routine et les intérêts privés vont jeter les hauts cris sur cette innovation ; mais une république démocratique ne peut, sans manquer à son principe, sanctionner l'existence des préfectures. C'est une création éminemment impériale, royale, despotique. Ce sont les anciens intendants des rois sous un autre nom : en un mot, c'est un contresens dans un État populaire.

VI. La commune, outre sa municipalité dont les séances sont publiques, aura un tribunal de conciliation composé de trois anciens, choisis par le peuple. Chacun des trois fera alternativement, et par trimestre, fonction de juge de paix payé par vacation. Il juge sans appel les procès qui ne dépassent pas 100 francs; ceux qui s'élèveront de 101 francs à 300 exigent la réunion des trois juges, avec faculté d'appel.

VII. Il semble que l'on ne puisse procéder à la formation des tribunaux sans admettre des complications infinies. Si l'égalité n'est pas une chimère, la loi sera la même pour tous les citoyens, et tous les citoyens seront égaux devant la loi.

Les formes les plus simples dans l'administration de la justice sont celles qui sont le plus appropriées à notre régime républicain ; il y aura donc un seul tribunal dans chaque district, et ce tribunal se divisera lui-même chaque année en trois sections : instance, appel, criminelle. Il n'y aura donc point de ces hautes cours, de ces tribunaux spéciaux, enfants du privilége.

Le droit de rendre la justice n'est pas un pouvoir, mais une délégation spéciale du pouvoir souverain. Les juges, d'après ce principe, doivent être nommés par l'Assemblée nationale sur la présentation en nombre double ou triple de l'administrateur général de la justice autorisé par le tribun.

VIII. Chef suprème de l'administration , *tribun.* Ici s'ouvre un abîme de difficultés : si vous voulez rendre la démocratie durable et refouler dans le cœur l'attrait toujours séduisant de l'usurpation , n'accordez au tribun qu'un droit supérieur d'administration, de direction, sous la tutelle du seul pouvoir légal.

Il serait dangereux d'accorder l'initiative des lois au tribun, ni aucune espèce de *veto*, dissimulé sous le nom d'observation.

Jamais il ne doit paraître officiellement dans l'Assemblée ni commander la force armée, ni même en disposer sans le consentement de l'Assemblée nationale. Sa garde, changée chaque jour, sera toujours fournie par la garde nationale.

La considération de l'âge est de la plus haute importance. A quarante ans l'envie de dominer les hommes commence à s'affaiblir ; le tribun désigné avant cet âge se rendra redoutable. Il faut espérer que l'Assemblée constituante pèsera cette observation avec toute la maturité de sa haute sagesse.

Les mêmes considérations s'appliquent au mode de nomination. Le pouvoir souverain ne peut pas, ne doit pas être transmis à deux personnifications. Si le tribun sortait du suffrage universel, sa puissance deviendrait la rivale de celle de l'Assemblée souveraine. On organiserait ainsi une lutte perpétuelle fort inégale, un antagonisme qui tournerait infailliblement à l'avantage de celui qui réunit dans ses mains tous les moyens d'action : et la liberté périrait.

Ici donc le point capital de la difficulté. Et cependant la direction des affaires ne peut être confiée à plusieurs.

Toutefois, si le suffrage universel était impérieusement exigé pour la nomination du tribun, il y aurait un moyen d'échapper au danger en adoptant l'élection à deux degrés. Chaque district désignerait un candidat né dans l'arrondissement, et l'Assemblée nationale choisirait dans ce nombre de 364. Cette *tangente* serait peut-être la plus politique, la plus sûre.

Défendre au chef suprême de l'administration toute alliance étrangère n'est assurément pas une précaution inutile, dérisoire ; il suffit d'ouvrir la première page de notre histoire pour comprendre le péril ; et, pour ne citer qu'un fait entre mille, le massacre de la Saint-Barthélemy n'est-il pas le crime de la petite-fille d'un marchand de laine de Florence ?

La plupart des présidents des États de l'Amérique espagnole sont loin d'avoir honoré ce titre. Sortons de l'ornière de l'imitation et changeons-le. En France il est des milliers de présidents ; l'identité de nom produira la confusion. Observez d'ailleurs que le chef suprême de l'administration ne peut s'appeler comme celui qui préside l'Assemblée nationale souveraine.

IX. Pour être électeurs et jouir des hauts privilèges attachés à la qualité de citoyen, il faut supporter, en raison de ses facultés, les charges de l'État. Or, violerait-on le principe démocratique si l'on exigeait que celui qui est admis à voter fût inscrit sur les rôles des contributions directes pour une somme égale à une, et mieux encore, à trois journées de travail?

X. Si la France possède encore huit millions d'hectares de terres en friches, la loi toute-puissante ne pourrait-elle en faire la répartition, à charge de faibles redevances, à des réunions de travailleurs sans ouvrage? Ces redevances ne seraient soldées qu'à dater de l'époque où le sol commencerait à rendre des produits. Que de ressources offriraient l'Algérie, la Corse même pour la fondation d'une foule de colonies!

XI. Dans mon système, le tribun est seul responsable des actes de l'administration; et comme il nomme et révoque à volonté ses ministres, ceux-ci ne peuvent être responsables qu'envers lui.

XII. Le droit de grâce étant un droit de souveraineté, ne peut être exercé que par l'Assemblée souveraine.

Elle seule aussi doit se réserver le pouvoir de nommer les chefs des corps militaires et les agents diplomatiques.

Il n'y aura plus en temps de paix des ambassadeurs permanents, véritables joujoux de la royauté: leurs attributions feront partie de celles des consuls. Il est presque superflu de dire que de toutes les créations de l'orgueil des despotes celle-ci est des plus inutiles et des plus dévorantes pour le trésor public.

Toute récompense doit émaner de la nation par l'Assemblée souveraine. Si l'on conserve un signe extérieur, ce ne doit être que pour l'armée, et peut-être serait-ce mieux d'arriver, comme au temps de la première république, à ne décerner que des armes d'honneur, sans effet rétroactif pour ce qui existe.

DROITS

DE

L'HOMME ET DU CITOYEN.

---

1. Les hommes naissent et demeurent libres et égaux en droits.

2. Le but de toute association politique est la conservation des droits naturels et imprescriptibles de l'homme. Ces droits sont :

   La liberté, l'égalité, la propriété, la sûreté et la résistance à l'oppression.

3. Le principe de toute souveraineté réside essentiellement dans la nation. Nul corps, nul individu ne peut exercer d'autorité qui n'en émane expressément.

4. Une constitution doit être l'expression de ces mêmes droits pour devenir l'évangile politique du citoyen.

5. La France ne reconnaît d'autre loi fondamentale que celle qui constitue la République, une, indivisible et démocratique.

6. La loi est l'expression de la volonté générale. Tous les citoyens ont droit de concourir personnellement ou par leurs représentants à sa formation.

7. La liberté consiste à pouvoir faire tout ce qui ne nuit pas aux droits d'autrui.

8. L'égalité consiste en ce que la loi est la même pour tous, soit qu'elle protége, soit qu'elle récompense, soit qu'elle punisse.

Ainsi, tous les citoyens sont égaux à ses yeux et également admissibles à toutes places et emplois publics, selon leur capacité, sans autre distinction et sans autres motifs de préférence que celle de leurs vertus et de leurs talents.

9. Il n'y a plus ni noblesse, ni pairie, ni distinction héréditaire, ni aucun des titres et prérogatives qui en dérivent.

A tout jamais les priviléges et les exceptions au droit commun des Français sont abolis.

10. L'État civil, pour effacer toute trace et tout souvenir de féodalité, n'enregistre plus que les noms originaires dans les actes de naissance, de mariage, de décès.

11. Il n'y a plus aucun ordre de chevalerie ni aucune supériorité que celles des fonctionnaires dans l'exercice de leurs fonctions.

12. Les belles actions des militaires seront récompensées par une arme d'honneur à laquelle sera attachée une pension viagère. Ceux d'entre eux qui ont obtenu des décorations continuent à les porter.

13. Si la loi supprime la vénalité des offices publics, elle doit une juste indemnité aux tiers.

14. La loi interdit toute réunion sous la dénomination de couvent ou de monastère; tout costume monacal porté à l'extérieur.

15. Elle tolère quelques exceptions fort rares pour les couvents qui peuplent les déserts inhabitables, comme la grande Chartreuse.

Elle ne sanctionne ni vœu religieux, ni aucun

autre engagement qui serait contraire aux droits naturels ou à la Constitution.

16. Les sociétés populaires sont de droit, à la condition par elles de se soumettre aux lois qui assurent le repos public, qui garantissent la souveraineté nationale et le respect dû aux autorités qu'elle a instituées. Elles ne peuvent ni s'affilier, ni envoyer des mandataires, ni se réunir avec des armes.

17. La sûreté résulte du concours de tous pour garantir les droits de chacun.

18. La propriété est le droit de jouir et de disposer librement de ses biens, de ses revenus, du fruit de son travail et de son industrie.

19. Nul ne peut être arrêté, détenu, ni jugé que dans les circonstances déterminées par la loi, et selon les formes qu'elle a prescrites.

Ceux qui sollicitent, expédient, exécutent ou font exécuter des ordres arbitraires, doivent être punis.

Mais tout citoyen appelé ou saisi en vertu de la loi, doit obéir à l'instant ; il se rend coupable par la résistance.

20. Toute rigueur qui ne serait pas nécessaire pour s'assurer de la personne d'un prévenu, doit être sévèrement réprimée ; et tout traitement qui aggrave la peine déterminée par la loi, est un crime.

21. La peine de mort est abolie ; elle sera remplacée par la déportation dans les îles de la Polynésie ; de même que pour la condamnation aux travaux forcés.

22.   n'a le droit de défendre que les actions nui-

sibles à la société. Tout ce qui n'est pas défendu par la loi ne peut être empêché ; et nul ne peut être contraint de faire ce qu'elle n'ordonne pas.

23. La personne d'un citoyen n'est pas une propriété aliénable ; mais il peut engager son temps et ses services moyennant rétribution convenable.

24. Nul ne doit être inquiété pour ses opinions religieuses, pourvu que leur manifestation ne trouble pas l'ordre public.

Chacun professe son culte avec pleine et entière liberté; et la loi protége également toutes les religions.

25. La loi ne considère le mariage que comme un acte civil; mais la bénédiction donnée dans un lieu consacré à la religion reste absolument libre.

26. La libre communication des pensées et des opinions est un des droits les plus précieux de l'homme. Tout citoyen peut parler, écrire , imprimer, lithographier, peindre , graver, sculpter, avec une entière liberté.

Les journaux quotidiens et toutes les espèces de recueils périodiques , qu'ils soient politiques ou scientifiques, ne sauraient être assujettis au timbre ni à aucune entrave dans la circulation.

27. Chaque citoyen conserve un droit égal de concourir à la formation de la loi par la nomination de ses représentants.

28. Les fonctions publiques ne peuvent devenir la propriété de ceux qui les exercent.

29. Nul individu, nulle réunion partielle de citoyens ne peut s'attribuer la souveraineté , ni remplir une fonction publique sans une délégation légale.

30. La représentation nationale étant une émanation du peuple souverain et résumant en elle tous ses droits, elle seule peut prendre le titre d'*Assemblée souveraine*.

31. L'enseignement est libre, mais l'autorité exerce une surveillance sur la moralité des professeurs comme sur les matières de l'instruction.

32. Comme les réunions monacales sont prohibées, elles ne peuvent fonder des colléges ni tenir collectivement des pensionnats.

33. L'Assemblée souveraine reçoit mission de faire donner gratuitement l'instruction primaire aux classes indigentes.

Chaque chef-lieu de district aura un prytanée; et chaque commune assez importante aura une école d'enseignement mutuel pour elle et les hameaux environnants; les frais de l'enseignement primaire seront prélevés sur les centimes additionnels. La Constitution française, mise en tableaux, fera partie des livres de lecture.

34. Les établissements publics pour les vieillards et les infirmes doivent être assez nombreux pour qu'en se présentant ces infortunés soient admis de suite, sans autre preuve que l'extrait de naissance, l'infirmité et un certificat de moralité.

35. Là propriété étant un droit inviolable et sacré, nul ne peut être privé de la sienne si ce n'est lorsque la nécessité publique, légalement constatée, l'exige évidemment, et sous la condition expresse d'une juste et préalable indemnité.

C'est sur le maintien des propriétés que reposent la culture des terres; toutes les productions, la source de l'industrie, tout moyen de travail et tout l'ordre social.

36. Tous les citoyens ont le droit de constater, par l'organe de leurs représentants, la nécessité de la contribution publique et d'en surveiller l'emploi ; cette contribution doit être également répartie entre tous les citoyens en raison de leurs facultés.

37. Chaque mutation en inscription de rente sur l'État est assujettie à l'impôt.

38. Le refus des impositions non consenties par l'Assemblée souveraine, est un droit.

39. Les représentations nationales veilleront sans cesse au défrichement des huit millions d'hectares de terres incultes.

40. Celles qui appartiennent à la nation seront données aux travailleurs qui présenteraient des garanties suffisantes pour la bonne culture. Quant à celles qui appartiennent aux particuliers, il sera fixé un terme pour opérer le défrichement, passé lequel ces terres incultes deviendront propriétés nationales.

41. La République assure une égale protection aux chefs d'ateliers et aux ouvriers, afin que les premiers puissent profiter de leur industrie et de la mise de leurs capitaux, et que les derniers puissent trouver des moyens convenables de nourrir eux et leurs familles.

42. L'exercice des droits est suspendu par l'état d'aliénation mentale, par l'accusation admise par le jury, par la faillite non suivie de concordat, par un jugement de contumace non anéanti.

43. La qualité de citoyen se perd :

    1. Par la naturalisation ou l'acceptation de fonctions, en pays étranger, sans l'autorisation de l'Assemblée souveraine ;

    2. Par la condamnation à une peine afflictive, tant que le condamné n'est pas réhabilité.

    3. Par l'affiliation à tout ordre de chevalerie étrangère ou à toute corporation qui supposerait soit des preuves de noblesse, soit des distinctions de naissance ou qui exigerait des vœux religieux.

Devoirs du Citoyen.

44. Tous les devoirs de l'homme et du citoyen sont renfermés dans ces deux principes :

Ne faites pas à autrui ce que vous ne voudriez pas qu'on vous fît.

Faites constamment aux autres le bien que vous voudriez en recevoir.

45. Nul n'est bon citoyen s'il n'est bon fils, bon père, bon frère, bon ami, bon époux, et s'il ne respecte ceux qui sont les organes des lois.

46. Celui qui viole les lois se déclare en état de guerre avec la société.

47. Tout citoyen doit ses services à la patrie et au maintien de la liberté, de l'égalité, de la propriété, toutes les fois que la loi l'appelle à les défendre.

48. Les colonies françaises font partie de la République et sont soumises aux mêmes lois.

49. L'esclavage est aboli, et l'ancien esclave devenant citoyen français, doit, en raison de ce privilége,

ses services, sa reconnaissance et son amour à la patrie qui l'adopte.

50. Sont citoyens français ceux qui sont nés en France d'un père français ; ceux qui nés en France d'un père étranger, y ont fixé leur résidence jusqu'à l'âge de vingt-un ans.

Ceux qui, nés en pays étranger, sont venus se fixer en France et y ont pris domicile depuis trois ans, pourvu qu'ils aient atteint l'âge de majorité et y exercent un état, ou aient épousé une Française.

51. L'Assemblée souveraine peut accorder des lettres de naturalisation, avec le titre de citoyen français, à ceux qui, quoique étrangers, ont rendu des services à la France.

52. Le peuple souverain fixe à une période de vingt ans révolus la suspension du droit de voter pour tout individu qui ne saura pas écrire, à la condition par l'État d'avoir accordé à tous l'enseignement gratuit.

53. Pour acquérir le droit de voter, il faut payer au moins la valeur d'une et mieux de trois journées de travail en contribution directe.

Organisation de la République.

54. La France est constituée en République démocratique, une et non fédérative.

55. Est réputé crime de lèse-souveraineté toute proposition qui tendrait à changer le principe de l'institution républicaine démocratique, et toute tentative propre à bouleverser les lois qui fondent ce principe.

56. La France européenne, pour faciliter l'administration et la rendre plus populaire, divise son territoire en 362 districts et en 36,253 communes ou municipalités.

57. Il sera fait une autre division territoriale pour les juges de paix seulement. Mais il serait préférable d'adopter les tribunaux de conciliation qui parviendraient à la longue à détruire le goût et la manie des procès (Art. 130 à 132.)

58. Les élections générales se feront dans chaque commune, et le recensement au chef-lieu du district.

59. Les citoyens de chaque commune élisent pour trois ans leurs officiers municipaux et le conseil des vieillards ou anciens. Ils sont rééligibles.

60. Les officiers municipaux nomment au scrutin leur président et les adjoints pour un an. Ils sont rééligibles.

61. Le président fait exécuter les arrêtés pris par les autorités supérieures et par le conseil; il est chargé de tout ce qui concerne la police, et il rend compte à la fin de chaque année de l'état des revenus et de l'emploi des fonds.

62. Les conseils municipaux ont pour mission de surveiller les intérêts de la commune, l'entretien des chemins, des édifices publics, la tenue des registres de l'état civil, la rentrée et l'emploi des revenus.

Districts.

63. Chaque district est administré par un conseil de trois membres rétribués, que les conseils mu-

nicipaux réunis au chef-lieu nomment pour cinq ans. Ils sont rééligibles.

64. Cette administration est, dans son ressort, investie de tous les pouvoirs des anciens préfets et sous-préfets. Elle nomme son président annuel.

65. Elle établit chaque année son budget de recettes et dépenses.

66. Le compte-rendu de la gestion est présenté tous les ans à un conseil général qui se réunit pendant dix jours au chef-lieu, et qui est nommé pour cinq ans par le peuple; un commissaire par commune.

67. Les séances des administrations de district et des conseils généraux ne sont point publiques, mais lorsque la session du conseil général est close, l'administration doit publier le résultat de sa propre gestion et celui des délibérations du conseil.

68. Les administrations de district peuvent annuler les actes des conseils municipaux qui ne sont pas conformes aux lois, à charge par elles d'en référer sur-le-champ au ministre de la justice en son bureau du contentieux administratif.

69. L'administrateur général de l'intérieur propose au tribun, dans les cas de mauvaise gestion, la dissolution d'une administration de district.

La convocation des électeurs de l'administration doit se faire en même temps que la publication de l'arrêté qui la supprime.

70. L'administration de district doit être toujours complète; si l'un de ses membres vient à manquer, l'élection se fait sur-le-champ.

71. Les élections générales se faisant dans chaque commune, le recensement a lieu au chef-lieu de district. (Art. 56.)

72. L'élection des représentants et des magistrats de la commune est un droit inaliénable de la souveraineté du peuple. Mais pour jouir de ce privilége il faut contribuer aux charges publiques en payant au moins en contribution directe la valeur d'une ou de trois journées de travail.

73. L'armée payant son tribut de service public a droit de voter dans les élections des représentants.

74. Tout citoyen qui est légalement convaincu d'avoir vendu ou acheté un suffrage, est exclu de toutes les assemblées électorales et de toute fonction publique pendant vingt ans.

Il en est de même pour tout magistrat qui apporterait plusieurs bulletins ou qui permettrait à un individu d'en déposer plusieurs dans l'urne ; toute prévarication, falsification ou soustraction de bulletin est passible de la même peine.

75. Le temps de domicile requis pour voter s'acquiert par la seule résidence d'un citoyen français pendant six mois dans une commune.

76. Nul ne peut se faire remplacer pour déposer son vote, ni voter pour le même objet dans plus d'une commune.

77. Les élections des représentants se font dans chaque municipalité, et le recensement dans le chef-lieu de district. Alors il faudra réunir au moins six mille suffrages pour être nommé. La loi déterminera les districts peu populeux où il en sera exigé un moins grand nombre.

78. Ce qui se fait dans une assemblée électorale au-
delà de l'objet de sa convocation et contre les
formes déterminées, est nul.

79. Les assemblées du peuple pour l'élection des représentants se forment de plein droit, le premier
dimanche de mai, lorsque les trois ans d'une législature sont terminés.

80. La peine du bannissement est infligée au chef de
l'administration qui aurait négligé de faire cette
convocation en temps prescrit.

Représentation nationale. — Assemblée souveraine.

81. Il n'y a qu'une seule Assemblée législative, élue
pour trois ans et composée de trois représentants
par cent mille âmes.

82. Emanation du peuple souverain, elle seule peut
prendre le nom d'*Assemblée souveraine*. Ses séances sont publiques ; elle peut néanmoins se former
en comité secret.

83. Un citoyen pour être éligible doit avoir 25 ans ac-
complis.

84. L'élection se fait à la majorité relative.

85. L'élu appartient à la France entière comme représentant.

86. De ce principe résulte cette conséquence qu'on ne
doit jamais procéder à une réélection d'arrondissement, en cas de vacance.

87. Nul fonctionnaire public ne peut cumuler les fonctions de représentant avec un autre emploi sa-
larié.

88. Les représentants ne peuvent être réélus qu'après

un intervalle de trois ans. Le père et le fils ne peuvent siéger ensemble.

89. L'Assemblée souveraine est permanente; elle ne peut se dissoudre ni être dissoute pendant les trois ans qui constituent sa législature; mais elle conserve le droit de se proroger.

90. Lorsqu'elle juge sa prorogation convenable, elle confie à une commission de quinze membres le soin de veiller à sa convocation, en cas d'urgence.

91. Le tribun, chef de l'administration, lui reste constamment subordonné, comme au souverain.

92. L'Assemblée ne peut se constituer avant que les deux tiers de ses membres ne soient réunis.

93. Lorsque tous les pouvoirs ont été vérifiés, le bureau met dans l'urne les noms de tous les représentants, et le président en extrait cent cinquante qui doivent composer un conseil de révision ou aréopage.

94. Le même tirage au sort dans les deux sections réunies s'effectue tous les trois mois.

95. L'initiative des lois appartient uniquement et exclusivement à l'Assemblée principale ou des neuf cents.

96. L'aréopage, dont les délibérations sont secrètes, n'a d'autre mission que la révision des lois discutées en assemblée générale.

Toute discussion étrangère à cette révision lui est interdite, et la délibération nulle de plein droit.

97. L'assemblée principale, ou des neuf cents, a autant de comités qu'il y a de divisions administratives ou ministérielles.

98. Chacun de ces comités élabore les projets de loi
qui ont pris naissance dans le sein de l'Assemblée
souveraine, ou qui sont proposés par l'un des administrateurs généraux.

99. Les lois discutées, révisées, amendées par l'Aréopage retournent à l'Assemblée principale qui les
examine de nouveau, les admet ou les rejette
sans appel.

100. Il est formellement interdit au tribun de prendre
l'initiative des projets de loi. Il ne peut le faire que
par le ministère de ses administrateurs généraux
qui, sur leur responsabilité, les communiquent
aux comités respectifs de l'Assemblée souveraine.

101. Tout projet de loi est reporté à l'Assemblée souveraine par le rapporteur de chaque comité : elle le
discute, et après avoir délibéré le renvoie à l'assemblée de révision.

Le temps de plusieurs lectures est ainsi éco-
nomisé.

102. La police appartient à l'Assemblée souveraine dans
le lieu de ses séances et dans un rayon qu'elle
détermine. Elle n'a de limites que sa volonté.

103. Les membres de la Représentation nationale ne
peuvent être recherchés, accusés, jugés, pour
leurs opinions émises dans l'Assemblée.

104. Elle seule a le droit de mettre un de ses membres
en accusation, et de le renvoyer au jury de jugement, s'il y a lieu.

105. A la Représentation nationale seule appartient,
comme souveraine, le droit de grâce.

106. Les demandes en grâce lui sont transmises par le
tribun, avec ses observations.

Gouvernement. — Administration.

107. Il n'y a en France qu'un seul pouvoir, celui du Peuple souverain personnifié dans la Représentation nationale.

108. La Représentation nationale délègue les soins du gouvernement, de l'administration et de l'exécution des lois à un tribun élu pour sept ans.

109. L'Assemblée souveraine procède ainsi qu'il suit : La section des neuf cents forme une liste de neuf candidats pris nécessairement dans la totalité de la Représentation nationale.

La section des cent cinquante (aréopage) réduit ce nombre à trois, sur lesquels l'assemblée des neuf cents choisit le tribun.

110. Il doit être âgé de 40 ans au moins, et n'en avoir pas plus de 60. S'il approchait de ce dernier terme avant l'expiration de son mandat, il se retirerait dès que la dernière heure des 60 ans aurait sonné. Toute tentative de prolongation est considérée comme haute trahison.

111. Il est responsable ; il nomme et révoque à son gré les administrateurs généraux (ministres) responsables envers lui.

112. Il est spécialement chargé des relations avec les puissances étrangères, mais il ne peut conclure des traités, déclarer la guerre, accorder la paix ou des trèves, contracter des alliances, sans la décision souveraine de l'Assemblée nationale.

113. Il nomme les consuls ou agents commerciaux à l'étranger.

Il n'y aura à l'avenir que des ambassadeurs temporaires délégués par l'Assemblée souveraine.

114. Le tribun ne peut s'allier à une famille étrangère.

115. Il doit être choisi parmi les élus du peuple à la Représentation nationale ; mais il cesse d'en faire partie dès qu'il est nommé tribun.

116. Il ne peut, pendant la durée de ses fonctions, se présenter officiellement à l'Assemblée nationale ; il a une tribune réservée pour lui et les administrateurs généraux.

117. Il correspond avec les comités de l'Assemblée souveraine par l'entremise de ses administrateurs généraux.

118. Il n'est jamais rééligible ; il ne peut se mettre à la tête des armées ni sortir du territoire continental. Il renonce pour toujours à un commandement militaire.

119. En cas de concussion, trahison, tentative d'usurpation, il est accusé par l'Assemblée nationale et jugé par le jury ordinaire.

120. Les administrateurs généraux sont, en cas de forfaiture, déférés, comme les autres citoyens, aux jurys d'accusation et de jugement.

121. Le tribun présente dans le courant de janvier le compte général de sa gestion annuelle.

122. Chaque administrateur général présente entre ses mains l'exposé des affaires de son département ; exposé que le tribun fait parvenir à l'Assemblée souveraine avec ses observations.

123. Si la loi reconnaît l'urgence ou la nécessité d'une délégation auprès des administrations de district et des tribunaux, ils sont nommés par l'Assemblée souveraine sur la présentation du tribun.

124. Le tribun reçoit 500 francs par jour. Il est logé aux frais de la République.

125. Pour sa sûreté, il lui est accordé chaque jour une nouvelle compagnie de garde nationale sédentaire.

126. Tout appel à la force soldée auprès de sa personne est considéré comme une trahison.

De la Justice.

127. La justice est rendue gratuitement.

128. Elle est confiée à des tribunaux, et ne peut être exercée par l'Assemblé souveraine, excepté dans le pouvoir qu'elle se réserve de mettre en accusation ses membres et le tribun.

129. Il y a des tribunaux de conciliation et des tribunaux de district.

Tribunal de Conciliation.

130. Le tribunal de conciliation est composé de trois anciens, élus par le peuple dans chaque municipalité, pour trois ans, et rééligibles. Ils ne peuvent être choisis avant l'âge de quarante ans. Leurs honoraires sont fixés sur le nombre des vacations.

131. Ils concilient ou jugent les contestations, une fois par semaine. Chacun des trois exerce les fonctions de juge pendant trois mois pour les affaires qui n'excèdent pas cent francs. Il conserve les autres attributions des juges de paix actuels.

132. Pour les affaires au-dessus de cent francs jusqu'à trois cents, les trois juges doivent être réunis.

133. Dans ce cas, les parties intéressées conservent le droit d'appel au tribunal de district.

Tribunal de District.

134. Dans chaque chef-lieu de district, il y a un tribunal qui se divise en trois sections, civile, appel et criminelle. Cette dernière section comprend la police correctionnelle.

135. Les juges sont nommés par l'Assemblée souveraine sur la présentation du tribun en liste triple. Mais ils ne peuvent être choisis dans cette Assemblée.

136. Ils sont inamovibles et ne peuvent être destitués que pour forfaiture dûment jugée ; ni suspendus de leurs fonctions qu'à la suite d'une accusation admise.

137. Chaque année les trois sections réunies désignent un des juges pour exercer les fonctions d'accusateur public ou de procureur de la République.

138. Il y a pour les affaires criminelles deux sortes de jurys, le jury d'accusation et le jury de jugement.

139. Chaque jury au criminel est composé de dix-huit personnes, dont les deux tiers sont nécessaires pour l'admission de la culpabilité.

Droits des Accusés.

140. Le droit de récusation ne peut être refusé à l'inculpé.

141. En matière criminelle, nul ne peut être jugé qu'après une mise en accusation formulée par le jury.

142. La loi détermine les cas où l'on peut rester libre sous caution valable.

143. Nul ne peut être saisi que pour être conduit devant l'officier de police, à moins d'ordre émané du juge d'instruction ; et nul ne peut être mis en

arrestation ou détenu qu'en vertu d'un mandat des officiers de police, d'une ordonnance de prise de corps, d'un décret d'accusation de l'Assemblée souveraine ou d'un jugement de condamnation.

144. Tout homme saisi et conduit devant l'officier de police sera examiné sur-le-champ ou au plus tard dans les vingt-quatre heures.

145. Nul gardien ou geôlier ne peut recevoir, ni retenir aucune personne qu'en vertu d'un mandat, ordonnance de prise de corps, décret d'accusation ou de jugement.

146. Tout gardien ou geôlier est tenu de représenter un prisonnier à l'officier civil ayant la police de la maison de détention.

147. Nul ne peut être jugé par la voie correctionnelle ou criminelle pour faits d'écrits imprimés, lithographiés, ou pour toute autre publication, sans qu'il ait été reconnu par un jury d'accusation qu'il y a lieu à poursuivre.

148. Au civil comme au criminel tous les citoyens appartiennent au même mode de juridiction, excepté les membres de l'Assemblée souveraine et le tribun pour la mise en accusation seulement.

149. Toute formation de haute cour, de commission prévotale ou de tribunal spécial, quelle qu'en soit la dénomination, est un délit contre la souveraineté du peuple.

Les soldats-citoyens ne ressortent des conseils de guerre qu'en matière de discipline et pour des peines qui n'excèdent pas trois mois d'emprisonnement.

Tribunal de Cassation.

150. Il y a un tribunal de cassation qui prononce sur les formes violées ou sur les contraventions aux lois.

Direction du contentieux Administratif.

151. Il n'y a plus de conseil d'État, mais une direction du contentieux administratif, faisant partie du ministère de l'administrateur général de la justice.

152. La direction du contentieux est divisée en sections qui s'occupent des difficultés entre communes, entre districts, entre citoyens et communes ou districts.

153. Les co-intéressés conservent toujours le droit de choisir des arbitres qui prononcent sans appel, à moins de convention expresse.

Conseil général de District.

154. Les anciens conseils d'arrondissement, qui prennent le nom de conseil général de district, statuent en premier ressort sur les difficultés administratives ; sur celles qui peuvent surgir entre les particuliers et les communes, ou de commune à commune ; enfin, sur l'emploi et la destination des fonds appliqués aux dépenses de l'arrondissement.

155. Les tiers conservent aussi le droit d'appel à l'administrateur général de la justice en son bureau du contentieux administratif.

Déportation.

156. La déportation dans la Polynésie remplace la peine capitale et même la condamnation aux fers.

157. La France étant constituée en république démo-

cratique , toute proposition , quel que soit le lieu d'où elle émane , tendant à constituer la monarchie à vie ou héréditaire, est punie de la peine de déportation.

Codes.

158. Une commission sera nommée dans le sein de l'Assemblée nationale à l'effet de refaire promptement tous les codes et de les mettre en harmonie avec les droits de la souveraineté du peuple.

Force publique.

159. La garantie des droits de l'homme et du citoyen nécessite une force publique. Cette force est donc instituée pour l'avantage de tous et non pour l'utilité particulière d'un individu ou de ceux à qui elle est confiée.

160. Cette force se nomme garde citoyenne ou nationale, et se divise en deux classes : garde nationale sédentaire , garde nationale mobile.

C'est dans cette dernière , toujours disponible , que se fait le recrutement de l'armée de terre et de l'armée de mer.

161. La force publique reste toujours sous les ordres de l'Assemblée souveraine qui peut déléguer temporairement son pouvoir au tribun , mais sous la surveillance du comité de la guerre formé dans l'Assemblée.

162. Dans les dangers extrêmes , le recrutement peut s'exercer depuis l'âge de dix-huit ans , à cette condition que les jeunes gens de dix-huit à vingt ans ne pourront jamais être employés que dans les places fortes de l'intérieur.

163. En temps de paix, l'infanterie n'a que des cadres, afin que les soldats en disponibilité puissent fournir aux besoins de l'agriculture et de l'industrie.

164. L'artillerie et la cavalerie seront toujours au complet; cependant les simples cavaliers, après deux ans d'exercice, peuvent être mis en disponibilité.

165. Dans chaque port, il y aura, outre les régiments de marine, des régiments composés de toutes les classes indispensables à l'armement des vaisseaux à voiles et des frégates à vapeur.

166. L'armée vote pour les élections de la représentation nationale; mais les corps armés ne délibèrent jamais.

167. Les forts qui entourent les grandes villes seront constamment pourvus d'approvisionnement en céréales pour toute la population pendant deux ans en cas de disette.

Révision de la Constitution.

168. Lorsque trois législatures consécutives auront émis un vœu uniforme pour le changement d'un ou de plusieurs articles de la Constitution, il y aura lieu à la révision demandée.

169. La quatrième législature recevra, outre son mandat ordinaire, celui de réviser l'article ou les articles signalés par les trois législatures précédentes.

170. La révision reconnue nécessaire par la quatrième législature sera soumise au suffrage universel du peuple souverain.

Dotations, Majorats, Substitutions.

171. L'institution si éminemment immorale des majorats et dotations est abolie.

Paris. — Imprimerie de L. Martinet, rue Jacob, 30.